MAGASIN THÉATRAL.

PIÈCES NOUVELLES

JOUÉES SUR TOUS LES THÉATRES DE PARIS.

THÉATRE DU VAUDEVILLE.

LA CIRCASSIENNE,

Comédie mêlée de chant en un acte, par MM. DE SAINT-HILAIRE et É. BORDIER.

PARIS.

LIBRAIRIE THÉATRALE, BOULEVARD SAINT-MARTIN, 12.

ANCIENNE MAISON MARCHANT.

1851

MAGASIN THÉATRAL.

CHEFS-D'ŒUVRE DU THÉATRE FRANÇAIS, A 40 CENTIMES.

Athalie, tragédie en 5 actes.
Andromaque, tragédie en 5 act.
Avare (l'), comédie en 5 actes, de Molière.
Barbier de Séville (le). c. 4 a.
Britannicus, trag. en 5 actes.
Cinna, tragédie en 5 actes.
Cid (le), tragédie en 5 actes.
Dépit amoureux (le). c. 2 actes.
École des Femmes (l'), c. 5 actes, de Molière.
Folies amoureuses (les), c. 3 ac.
Hamlet, tragédie en 5 actes.
Horaces (les), tragédie, 5 actes.
Iphigénie en Aulide, trag. 5 act.
Mahomet, tragédie en 5 actes.
Mort de César (la), trag. 5 act.
Misanthrope (le), com. en 5 act.
Mariage de Figaro, com. 5 actes.
Mère coupable (la), c. 3 actes.
Mérope, tragédie en 5 actes.
Métromanie (la), com. en 5 act.
Malade imaginaire (le), c. 3 act.
Othello, tragédie en 5 actes.
Phèdre, tragédie en 5 actes.
Polyeucte, tragédie en 5 actes.
Tartufe (e), com. en 5 actes.
Zaïre, tragédie en 5 actes.

MONOLOGUES A 25 CENTIMES.

Camille Desmoulins, monol. dr.
Chatterton mourant, monologue.
Dre nuit d'André Chénier (la).
Jeanne d'Arc en prison, mono.
Lanterne de Diogène (la), mono.
Mort de Gilbert (la), mono.
Vie de Napoléon (la), récit, 1 a.
Vision du Tasse (une), mon. 1 a.

PIECES A 50 CENTIMES.

Alchimiste (l'), d. 5 a. A. Dumas.
Ani Grandet (l'). c.-v 3 a.
Amours de Psyché (les). p f. 3 a.
Amours d'une Rose, (les) v. 3 a.
Ango, drame en 5 actes.
Apprenti (l'), v. en 1 a.
Atar-Gull, drame en 5 actes.
Auberge de la Madone (l') d. 5 a.
Aumônier du régiment (l'), 1 a.
Aven. de Télémaque (les), v 3 a.
Aveugle et son bâton (l'), v. 1 a.
Avoués en vacances (les), 2 a.
Badigeon 1er, vau. en 2 act s.
Belle Limonadière (la), c.-v. 3 a.
Blanche et Blanchette, d.-v. 5 a.
Bonaparte, drame milit. en 5 a.
Bergère d'Ivry (la), d.-v. au. 5 a.
Berline de l'Emigré (la), d. 5 a.
Brigands de la Loire (les), d. 5 a.
Biche au Bois (la), féeri, 18 tab.
Brelan de Troupiers (le), v. 1 a.
Boquillon, dr. 3 actes.
Benoit ou les deux cousins.
Bianca Cantarini, drame 5 actes.
Cabaret de Lustucru (le), v. 1 a.
Cachemire Vert (le), 1 a. A. Dumas.
Cas de Conscience (un), c. 3 a.
Cheval de Bronze (le), op. c. 3 a.
Cheval du Diable (le), dra. 5 a.
Châle Bleu (le), com. 2 actes.
Charlot, comédie en 3 actes.
Claude Stock, dra. en 4 actes.
Chauffeurs (les), drame en 5 a.
Château de Verneuil (le), d. 5 a.
Château de St-Germain (le), 5 a.
Chef-d'œuvre inconnu (le). 1 a.
Chiens du mont St-Bernard (les) drame en 5 actes.
Cromwell et Charles Ier, 5 a.
Caligula, tra. 5 a. A. Dumas.
Calomnie (la), com. 5 actes.
Chambre ardente (la). 5 actes.
Christine à Fontainebleau, dra.
Canal St-Martin (le), dra. 5 a.
Chevaux du Carrousel (les), 5 a.
Chevalier de St-Georges (le), 3 a.
Chevalier du Guet (le), c. 3 a.
Christophe le Suédois, d. 5 a.
Colombe et Perdreau, idy. 3 a.
Commis et la Grisette (le), vaud. en 1 acte.
Compagnons (les), ou la Mansarde de la Cité, drame en 5 actes
Chevalier d'Harmental (le), dra. 5 a. Alex. Dumas et Maquet.
Conscrit de l'an VIII (le), c. 2 a.
Connétable de Bourbon (le), d. 5 a.
Comte Hermann, dra. 5 a. Alex. Dumas.
Chercheurs d'Or (les), dra. 5 a
Camille Desmoulins, dra. 5 a.
Chevaliers du Lansquenet (les), dram e en 5 actes.
Cravatte et Jabot, com.-vau. 1 a.
Croix de Malte (la), drame 3 a.
Chute des feuilles (la), pro. 1 a.
Chasse au chastre. A. Dumas.
Comte de Mansfield, dr. 4 actes.
Chevau-légers de la reine, 3 a.
Corde de pendu.
Deux Anges, c.-v 3 actes.
Deux Amoureux de la grand'-mère (les), 1 acte.
Discrétion (une), com. 1 a.
Deux Serruriers (les) d. 5 a.
Demoiselles de Saint-Cyr (les), drame 5 actes, A. Dumas.
Deux Divorces (les), v. 1 a.
Demoiselle majeure (la), v. 1 a.
Domestique pour tout faire.
Dot de Suzette (la), d. 5 a,
Doigt de Dieu (le), dra. 1 a.
Don Juan de Marana. A. Dumas.
Diane de Chivry, drame, 5 a.
Duchesse de la Vaubalière (la).
Élève de Saint-Cyr (l'). d. 5 a.
En pénitence.
Éclat de rire (l'), dra. 5 a.
École Buissonnière (l'). c.-v.
École du monde, 5 actes.
Éléphants de la Pagode (les).
Emma, comédie en 3 actes.
Empire (l'). 3 actes et 18 tabl.
Enfants d'Édouard (les), 5 a.
Enfants de Troupe (les), v. 2 a.
Enfants du Délire (les). v. 1 a.
Estelle, com. par Scribe, 1 acte.
Etre aimé ou mourir, com. 1 a.
Eulalie Granger, drame 5 actes.
En Sibérie, drame en 3 actes.
Entre l'enclume et le marteau.
Étoiles (les), vaudeville 5 actes.
Expiation (une), drame 4 actes.
Faction de M. le Curé (la), v. 1 a.
Famille du Mari (la), com. 3 a.
Frères corses (les) dra. 3 actes.
Famille Moronval (la), dra. 5 a.
Famille du Fumiste (la), v. 2 a.
Fargeau le Nourrisseur, v. 2. a
Fille à Nicolas (la), c.-v. 3 a.
Fille de l'Avare (la), c.-v. 2 a.
Fille de l'Air (la), féerie en 3 a.
Filets de Saint-Cloud (les) d. 5 a.
François Jaffier, dr. en 5 actes.
Frétillon, com.-vaud. en 3 actes.
Fiole de Cagliostro (la), v. 1 a.
Folle de Waterloo (la) d.-v. 2 a.
Forte-Spada, drame en 5 actes.
Fabio le Novice. dr. en 5 actes.
Fils de la Folle (le), dr. en 5 a par F. Soulié
Fils d'une grande Dame (le), 2 a.
Fille du Régent (la). A. Dumas.
Ferme de Montmirail (la).
Garçon de recette (le), d. en 5 a
Gars (le), drame en 5 actes.
Gaspard Hauser, dr. en 5 actes.
Grand'Mère (la). 3 actes, Scribe.
Geneviève de Brabant, mélod.
Gazette des Tribunaux (la), v. 1 a.
Guerre de l'indépendance (la).
Guerre des Femmes.
Halifax, com. par Alex. Dumas.
Henri le Lion, drame en 6 act.
Homme du Monde (l').
Honneur dans le crime (l'), 5 a.
Honneur de ma mère (l'), 5 a.
Indiana et Charlemagne, 1 acte.
Indiana, drame en 5 actes.
Ile d'amour (l'). c.-v. 3 actes.
Il faut que jeunesse se passe.
Impressions de voyage (les).
Japhet à la recherche d'un père.
Jacques le Corsaire, dr. 5 actes
Jacques Cœur, drame en 5 actes.
Jarvis l'honnête homme, d. 5 a
Jeanne de Flandre, d. en 5 a
Jeanne de Naples, idem.
Jeanne Hachette, dr. en 5 actes.
Je serai comédien, com. 1 act.
Juive de Constantine (la), 5 a.
Jarnic le Breton, drame 5 actes.
Juillet, drame 3 actes.
Lestocq, op. com. 3 a.
Lectrice (la), c.-v. en 2 actes.
Léon, drame en 5 actes.
Lucio, drame en 5 actes.
Louisette, c.-v. en 2 actes.
Louise Bernard, Alex. Dumas.
Laird de Dumbiky (le), A. Dum.
Lorenzino, par Alex. Dumas.
Lescombat (la), d. en 5 actes.
Lucrèce, com.-vaudeville.
Le Lansquenet, vaudeville 2 a.
Madame Panache, c.-v. 2 actes.
Margot, vaudeville. 1 acte.
Mineurs de Trogolft (les), d. 3 a.
Mont-Bailly, drame, 4 actes.
Marco, comédie en 2 actes.
Misère (la), dr., 5 actes.
Maurice et Madeleine, 3 actes.
Marino Faliero, tragédie, 5 actes
Marie, comédie, 5 actes.
Mari de la veuve (le), A. Dumas.
Marguerite d'York, dr. 5 actes.
Marguerite de Quelus, idem.
Marguerite, vaudeville, 3 actes.
Mathias l'invalide, c.-v. 2 actes.
Madame et Monsieur Pinchon.
Marcel, drame en 5 actes.
Monk, drame en 5 actes.
Maîtresse de langues (la), v. 1 a.
Marquise de Senneterre (la).
Mathilde ou la Jalousie, 2 actes.
Monsieur et Madame Galochard.
Murat, drame, 5 actes et 16 tab.
Mari de la dame de chœurs (le).
Marquise de Prétintailles (la).
Madeleine, drame en 5 actes.
Manoir de Montlouviers (le), 5 a
Main droite et main gauche (la).
Mademoiselle de la Faille, d. 5 a.
Marché de Saint-Pierre (le), 5 a.
Marguerite Fortier, idem.
Maître d'école (le), c.-v. 2 actes.
Mémoires du diable (les), 5 a.
Mille et une nuits (les), 3 a. 16 t.
Moulin des tilleuls (le), 1 acte.
Ma maîtresse et ma femme, 2 a.
Mon parrain de Pontoise, 1 ac.
Mère de la débutante (la), 3 ac.
Mme Camus et sa demoiselle.
Marcelin, drame 5 actes.
Meunière de Marly (la), 1 acte.
Monsieur Lafleur.
Naufrage de la Méduse (le), 5 a.
Napoléon Bonaparte, A. Dum.
Nonne sanglante (la), dr. 5 actes.
Nouveau Juif-Errant (le), 3 actes.
Officier bleu (l'), dr. 5 actes.
Orphelins d'Anvers (les), idem.
Orangerie de Versailles (l'), 3 a.
Ouvrier (l'), 5 actes, F. Soulié.
Parisienne (une), c.-v. 2 actes.
Philippe III, tragédie 3 actes.
Paris au bal, vaudeville 3 actes.
Paris dans la comète, 3 actes.
Peste noire (la), drame 5 actes.
Paysan des Alpes (le), dr. 5 actes.
Paul Jones, 5 actes, Alex. Dum.
Pauvre mère, dr. 5 actes.
Père Turlututu (le).
1res armes de Richelieu (les), 3 a.
Proscrit (le), 5 a. Fréd. Soulié.
Pauvre fille, idem.
Pascal et Chambord, 2 actes.
Paméla Giraud, 5 actes, Balzac.
Paul et Virginie, 5 actes.
Paris la nuit, idem.
Paris le bohémien, idem.
Plaine de Grenelle (la), 5 actes.
Pensionnaire mariée (la), v. 2 a.
Perruquier de l'empereur (le).
Pierre Lerouge, c.-v. 2 actes.
Pilules du diable (les), f. 18 tab.
Petites misères de la vie humaine.
Petit Tondu (le), 3 a. et 10 tab.
Pruneau de Tours, vaud. 1 acte.
Pauline, drame en 5 actes.
Pied de mouton (le), féerie.
Prince Eugène et l'Impératrice Joséphine (le), dr. 10 tab.
Prussiens en Lorraine (les), 5 a.
Pauline, châtiment d'une mère
Paris à cheval, c.-v. 3 actes.
Père Trinquefort, vaud. 2 actes
86 moins 1.
Quatre coins de Paris (les), 5 a
Qui se ressemble se gêne, v. 1 a
Quand l'amour s'en va.. v. 1 a
Renaudin de Caen, com. 2 actes
Riche et pauvre, drame 5 actes.

PERSONNAGES.	*ACTEURS*
CASARELLI, 50 ans, usé par le travail et les veilles. — Costume séculier : habit marron, dessous noir, bas gris...............................	M. Delanoy.
STELLA, prima dona de Messine, 20 ans........................	Mlle Renaut.

La scène se passe à Messine.

Le théâtre représente la chambre de Casarelli, située au rez-de-chaussée, dans une petite ruelle de Messine. — A droite, au 1er plan, porte d'entrée. — Au fond, croisée avec persiennes, donnant sur la ruelle. — A droite de la croisée, le lit de Casarelli. — A gauche, une petite bibliothèque sur une vieille commode. — Au premier plan, à gauche, un petit piano surchargé de musique manuscrite et de bouquins. — Sur le piano, une bougie allumée. — A droite, au 2me plan, cheminée sur laquelle il y a une petite pendule, de la musique et quelques papiers épars. — A gauche de la croisée, un placard servant de buffet, une petite table sous ce placard. — A gauche, au 2me plan, une porte de cabinet, faisant face à la cheminée. — Près du piano, un vieux fauteuil à dossier large et élevé. — Deux autres siéges, un petit tabouret. Une bougie allumée sur le piano et une sur la cheminée.

SCENE PREMIÈRE.

CASARELLI, *seul.*

(Au lever du rideau, il est assis dans le grand fauteuil près du piano, les deux coudes appuyés sur le clavier, et le visage sur les mains.)

Tra, la, la, la, la... Non, c'est mauvais. Tra, la, la, la, la... Encore pis !... Toujours des mélodies profanes au lieu de musique sacrée... *(Se retournant vivement, et faisant face au public en se frappant le front.)* Ah çà, mais, décidément, il n'y a donc plus rien de bon là-dedans ?... Il n'y a pas à dire pourtant, il faut que mon motet soit fini demain matin... je l'ai promis au supérieur...

Nota. Les changements de scène sont indiqués par des renvois au bas des pages.

(Se levant et allant à la pendule.) Et voilà minuit bientôt !... Voyons, voyons... peut-être qu'en marchant ça viendra mieux. *(Il se promène, se frappe encore le front, se gratte le bout du nez, comme cherchant l'inspiration, et fredonnant de nouveau.)* Tra, la, la, la, la... Allons, bon ! un air de danse, à présent !... C'est fini, je n'y suis plus du tout !... Est-ce que le malin s'en mêlerait, par hasard ?... serais-je véritablement endiablé ?... Le fait est qu'on dirait que ça sent le soufre ici. *(Allant à la cheminée.)* Ah ! mon Dieu ! c'est toute ma provision d'allumettes que j'ai incendiée sans m'en apercevoir... et ça a gagné les papiers ! Qu'est-ce que c'est que ça ?... Un morceau de la *Gazette musicale* de Naples atteint par le feu !.. Et j'avais oublié de la lire encore !... Voyons, il y a peut-être quelque chose de bon dans ce

* S'adresser pour la musique à M. Taranne, bibliothécaire du Théâtre.

1851

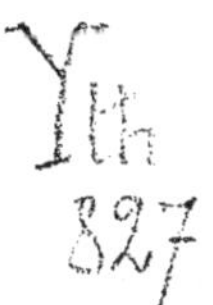

qui en re te. (*Lisant.*) « Grande nouvelle ! »
Eh bien ! c'est heureux que ce soit justement
la grande nouvelle qui n'ait pas brûlé ! (*Re-
lisant.*) « L'illustre maestro Casarelli est enfin
» retrouvé !... » Hein ? « Un de nos collabo-
» rateurs l'a rencontré et reconnu à Messine.
» Voici ce qu'il en raconte. » (*Allant se ras-
seoir.*) « Casarelli est toujours aussi distrait. »
Ça, c'est vrai, témoin mes allumettes, tout à
l'heure... « Il vit retiré, sous le nom d'Eu-
» sèbe, dans une petite maison voisine du
» couvent des Dominicains, dont il est maître
» de chapelle. » Comment a-t-on pu décou-
vrir ?... « Tout le monde se rappelle que, la
» veille de la disparition de Casarelli, il y a
» près de vingt ans, la prima dona de San
» Carlo, la diva Stella, répétait une partition
» nouvelle du grand maestro, intitulée *la
» Circassienne*. Au milieu de cette répétition,
» Stella quitta brusquement le théâtre, pour
» suivre un jeune et brillant seigneur, qui
» l'avait séduite par une promesse de ma-
» riage... » La perfide !... « Casarelli était
» amoureux fou de la belle fugitive, sans que
» personne s'en doutât, pas même elle !... »
Que signifie ?... « Sa nature, essentiellement
» distraite, lui avait encore joué ici un de
» ses tours... » Quel tour ?... « Croyant en-
» voyer à Stella une déc'aration brûlante
» dans un magnifique bouquet, il n'y avait
» mis qu'une valse nouvelle, destinée à son
» éditeur... » Est-il possible ?... « Stella
» l'ayant remercié, en souriant, de son en-
» voi, il se crut aimé d'elle, et, dès lors, sa
» fuite lui parut une affreuse trahison. Aus-
» sitôt, mettant son chapeau sous son bras
» et sa partition sur sa tête, il courut du côté
» du Vésuve en feu, en criant : Stella ! Stella !
» Et c'est depuis ce moment qu'on n'en a
» plus entendu parler. »

Air : Petit enfant.

Ainsi Stella, mon idole chérie,
Ne savait pas le secret de mon cœur ?...
Et j'accusais le sien de perfidie,
Lorsque peut-être il voulait mon bonheur !...
Non, pauvre fou, tout cela c'est mensonge,
Piége infernal, pour te tenter encor.
(Il jette le journal dans la cheminée.)
En dissipant, mon Dieu, ce dernier songe,
Ah ! laisse-moi l'oubli, mon seul trésor !

Ah ! cette lecture m'a bouleversé !... J'é-
touffe !... Il n'y a pas d'air ici... (*Il va ouvrir la fenêtre.*) Ah ! à la bonne heure ! je
me sens mieux maintenant. Voyons, voyons,
à l'ouvrage, et tâchons de réparer le temps
perdu. (*Il a repris place dans le grand fauteuil, près du piano.*) Mais, qu'est-ce que
j'ai donc encore ?... Comme ma tête est
lourde... mes yeux... C'est sans doute l'effet
de l'orage qui se prépare... Au fait, si je dor-
mais ici quelques minutes, ça achèverait de
me remettre.

Air : Voltigez, hirondelles.
Oui, fermons ma paupière.
Après un court sommeil,
Dieu m'enverra, j'espère,
Un calme salutaire,
Au réveil. (*Ter.*)

Qu'est-ce ?... Ah ! la patrouille, des gardiens de nuit. Ainsi, pas de danger, pas de...
(*Il s'endort, appuyé sur le clavier de son
piano, en continuant à marmotter.*)

CHOEUR DES GARDIENS, *dans la coulisse.*

Air de M. Montaubry.
Tout est calme en ville.
D'un sommeil tranquille,
Bourgeois, dormez-tous ;
Nous veillons pour vous.
Dans l'ombre profonde,
Devant notre ronde,
Le voleur s'enfuit.
Bourgeois, bonne nuit !

*A la fin de la 1re reprise du chœur, Stella paraît à
la fenêtre. Elle porte le costume de l'éblo, dans
Don Juan d'Autriche. — Il commence à faire des
éclairs et l'orage gronde au lointain. Stella parle
pendant la fin du chœur.*

SCENE II.
STELLA, CASARELLI, endormi.

STELLA. Ils ont perdu ma trace au moment où j'entrais dans cette ruelle... Je suis
sauvée... pour le moment du moins. Si je
demandais l'hospitalité au propriétaire de
cette chambre... Est-ce un homme ? est-ce
une femme ?... (*Elle se penche sur l'appui de
la croisée, et avance la tête pour regarder
dans la chambre.*) Mais je ne vois personne...
c'est singulier... (*Regardant de nouveau
dans la rue.*) Ah ! mon Dieu ! voilà les sbires
du gouverneur qui reparaissent !... ils vien-
nent de ce côté !... il n'y a plus à hésiter...
entrons ! (*Elle escalade l'appui de la croisée,
elle referme ensuite vivement les persiennes.*)
Ah ! je n'ai pas une goutte de sang dans les
veines ! (*Le tonnerre augmente.*) Allons, le
tonnerre à présent... Et moi qui en ai une
peur horrible... surtout quand je suis seule.
(*Casarelli ronfle.*) Eh !... mais non... je ne
suis pas seule !... Voilà un ronflement hu-
main, ce me semble... C'est, je crois, de ce
fauteuil qu'il est parti... (*Elle s'approche.*)
Un homme !... (*Le regardant.*) Eusèbe !...
le maître de chapelle des Dominicains, si re-
nommé pour la rigidité de ses mœurs !... Je
suis bien tombée. !... On le dit charitable,
pourtant et, en lui cachant mon sexe et
mon état, il ne me refusera peut-être pas
l'hospitalité... Voyons, essayons... Mais mon
costume de dessous ne se voit-il pas ? Non...

Resserrons un peu ma cordelière pourtant... Là... Maintenant, je puis me risquer. (*Au moment où Stella va le réveiller, un éclat terrible se fait entendre, et la persienne s'ouvre avec fracas. Stella pousse un cri de terreur et s'arrête. Casarelli, qui s'éveille en sursaut, en pousse un de son côté.*)

CASARELLI. Ah! le diable! (*Il se détourne avec terreur.*)

STELLA. Le diable!...

CASARELLI, *sans la regarder.* Vade rétro, Satanas! vade rétro!

STELLA. Comment! c'est donc moi que vous prenez pour le diable?

CASARELLI, *sans la regarder.* Certainement, c'est toi, et je t'ordonne de t'en aller.

STELLA, *riant.* Ah! par exemple!

CASARELLI, *à part.* C'est bien ça!... le rire de Méphistophélès!... rétro! rétro!

STELLA. Voyons, maître Eusèbe, remettez-vous, et pour vous convaincre que vous vous trompez, regardez-moi!

CASARELLI, *avec horreur.* Je ne veux pas te regarder.

STELLA. Mais touchez au moins ma main, pour être sûr que je n'ai pas de griffes. (*Elle lui prend la main.*) Eh bien?

CASARELLI, *frémissant.* Il n'y a pas de griffes, c'est vrai... Je dois même convenir que la peau est assez douce.

STELLA. Vous voyez bien... Et puis, de bonne foi, le diable s'est-il jamais présenté chez un saint homme, sous le costume que je porte?

CASARELLI, *risquant un regard.* Le costume?... ce doit être quelque chose d'affreux! Eh mais! c'est celui des novices dominicains.

STELLA. Sans doute!

CASARELLI. Est-ce que c'est le supérieur qui vous envoie, par hasard?

STELLA. Le supérieur?.... oui, maître Eusèbe, oui, c'est lui, (*A part.*) Ma foi, suivons-le dans la voie qu'il m'ouvre; autant celle-là qu'une autre.

CASARELLI. Et c'est mon motet qu'il réclame, peut-être?

STELLA. Le motet... oui, précisément.

CASARELLI, *allant à la porte.* Mais comment donc êtes vous entré ici?... Je suis bien sûr que j'avais fermé ma porte au verrou, hier au soir.

STELLA. Aussi, ne suis-je pas entrée par la porte.

CASARELLI. Ah!

STELLA. Cependant, j'y ai frappé plusieurs fois, et très-fort même!...

CASARELLI. Je n'ai rien entendu.

STELLA. C'est l'orage, sans doute.

CASARELLI. Apparemment.

STELLA. Trouvant alors cette fenêtre ouverte, et l'ordre du supérieur, au sujet... du motet, étant très-formel, ma foi, j'ai risqué l'escalade pour vous le demander.

CASARELLI. Du moment que le supérieur vous l'avait ordonné, vous avez bien fait.

STELLA. Est-il fini le motet?

CASARELLI. Hélas! non!

STELLA. Tant mieux!

CASARELLI. Comment, tant mieux!

STELLA. Je dis tant mieux, parce que cela me procurera l'honneur de rester plus long-temps près de vous.

CASARELLI. Vous allez rester?

STELLA. J'ai ordre de ne pas m'en aller sans le motet.

CASARELLI. Il faut que je me dépêche alors... (*Il va à la cheminée pour prendre la bougie.*)

STELLA, *à part.* Allons, voilà mon asile assuré.

CASARELLI, *revenant avec la bougie.* C'est singulier.

STELLA. Qu'est-ce qui est singulier, et pourquoi me regardez-vous de si près?

CASARELLI. Je vous regarde de près parce que j'ai la vue basse; et ce qui est singulier, c'est que... j'ai beau vous regarder, je ne vous reconnais pas du tout.

STELLA. Il n'y a là rien d'étonnant, puisque vous ne m'avez jamais vue.

CASARELLI. C'est précisément ce qui m'étonne, car enfin, tous les novices étant mes élèves...

STELLA. Ah! c'est que je ne suis entrée au couvent qu'hier soir, après votre dernière leçon.

CASARELLI. C'est différent. Chantez-vous un peu?

STELLA. J'essaye quelquefois.

CASARELLI. Eh bien! puisque vous voilà, faites-moi entendre quelque chose, pour que je juge si vous pourrez dire mon solo *. (*Il passe au piano.*)

STELLA. Volontiers, que chanterai-je?

CASARELLI, *allant au piano.* Ce que vous voudrez, pourvu que ce soit un motif large et pieux.

STELLA. Soyez tranquille, je n'en chante jamais d'autres.

Air : *Fragment d'invocation se liant avec l'air suivant.*

> Dieu tout-puissant en qui j'espère,
> Viens m'inspirer, me secourir....

* Casarelli. Stella.

CASARELLI, *cherchant et bouleversant sa musique.* Bravo ! continuez, continuez.

AIR : *Comme la fauvette (Caïd).*

Coquette et légère,
A tous je veux plaire.
Dis-moi, charmant dieu de Cythère,
Comment il faut faire
Pour y parvenir,
Amour ! amour ! fais-moi réussir ;
Tra, la, la, la,
Tra, la, la, la, la.
Dieu tout puissant, etc.
Tourner une tête
Ah ! c'est une fête.
Chaque jour nouvelle conquête !
Amour, je suis prête :
De tes feux vainqueurs
Par mes yeux viens brûler tous les cœurs,
Tra, la, la, la.

Distrait par la recherche qui l'occupe, Casarelli, quoiqu'il paraisse surpris de temps en temps, laisse Stella achever son air.—A la fin, cependant, il s'arrête brusquement et s'écrie :

CASARELLI. Qu'est-ce que c'est que ça ?... voulez-vous bien finir !

STELLA. J'ai fini.

CASARELLI. Chanter de pareilles choses chez moi !... et un novice encore !...

STELLA. Est-ce que votre motet ne sera pas dans ce genre-là ?

CASARELLI. Par exemple !..... Ah çà ! qu'allez-vous faire pendant que je travaillerai ?

STELLA. Comme je suis un peu fatiguée, si vous le permettez, je pourrais faire ce que vous faisiez vous-même si bien, tout à l'heure.

CASARELLI. Quoi donc ?

STELLA. Dormir.

CASARELLI. Où ça ?

STELLA. Si vous pouviez me prêter ce grand fauteuil... En le mettant là-bas près de votre lit, dont le rideau me cacherait la lumière, je serais très-bien.

CASARELLI. Soit, je prendrai une chaise... Au fait, pauvre petit ! l'éveiller à pareille heure, pour l'envoyer chercher un motet !... c'était vraiment de la cruauté !... (*Arrangeant le rideau.*) Est-ce bien ainsi ?

STELLA. Parfait.

CASARELLI. Ce tabouret pour vos pieds à présent... là.

AIR : *De sa bonne mère. (Hôtesse de St-Eloy.)*

ENSEMBLE.

Bonsoir, mon bon frère,
Le ciel, pendant mon repos,
Bénira, j'espère,
Vos pieux travaux

CASARELLI.

Dormez bien, mon frère,
Moi, pendant votre repos.
Je pourrai, j'espère,
Finir mes travaux.

(*Il va au piano.*)

STELLA, *pendant la ritournelle.* Bonsoir, maître Eusèbe.

CASARELLI, *prenant du papier réglé et une plume.* Bonsoir... bonsoir... (*A part.*) Il est vraiment gentil, ce nouveau novice... Il a une petite mine futée qui... mais il ne s'agit pas ici de sa mine, il s'agit du motet... Voyons... tra, la, la, la, la... hein ? plaît-il ?... rien... il dort déjà comme une marmotte, le pauvre enfant !... tra, la, la, la, la... (*A ce moment, Stella s'agite.*) Eh bien ! qu'est-ce qui lui prend donc ?.... comme il a le sommeil agité !

STELLA, *rêvant.* Laissez-moi ! laissez-moi, monsieur, ou j'appelle.

CASARELLI. A qui en a-t-il donc ?

STELLA. Insulter une femme sans défense !

CASARELLI. Allons bon, il se prend pour une femme à présent !

STELLA. Ah ! c'est indigne !.. sortez !... sortez !... ah !..

CASARELLI, *se levant.* Il paraît vraiment souffrir beaucoup. C'est sa cordelière qui le serre trop sans doute... voyons, tâchons de la dénouer, sans le réveiller. (*Il dénoue la cordelière avec précaution, et entr'ouvre la robe du novice.*) Bonté divine !... qu'ai-je vu ?...un corsage de velours!...une femme !... (*Reculant avec épouvante.*) C'était une femme !!! ou plutôt, non, j'en reviens à ma première idée, c'est le diable, le diable qui a pris cette jolie forme pour mieux assurer ma perdition !... ah ! j'en deviendrai fou !... Comment faire ?... comment m'en débarrasser ?... Ah ! cette eau de sainte Rosalie. (*Il prend un vase sur la commode et en jette le contenu sur Stella, en se détournant toujours et en criant :*) Vade rétro, Satanas ! vade rétro !

STELLA, *s'éveillant en sursaut.* Ah !.. qu'est-ce que c'est ?.. Est-ce la rivière qui déborde ?.. Comment ! c'est vous qui m'arrangez ainsi, maître Eusèbe ?

CASARELLI. Rétro ! rétro !

STELLA. Ah çà, pour qui donc me prenez-vous encore ?

CASARELLI, *se cachant les yeux.* Je te prends !.. voyons, es-tu une femme, oui ou non ?

STELLA, *se levant.* Vous devez bien le savoir, puisque vous avez eu l'indiscrétion de regarder.

CASARELLI, *se reculant.* Je n'ai rien re

gardé du tout... Je te demande si tu es une femme ?...

STELLA, *ôtant la robe de novice et la jetant sur le fauteuil.* Et moi, je vous réponds : oui... et c'est pour cela que vous voulez me chasser ?

CASARELLI. Je crois bien ! une femme chez moi, à pareille heure ! Qu'est-ce qu'on dirait si on savait ça ?

STELLA. Eh ! mon Dieu ! on dirait probab'ement beaucoup de sottises, comme toujours, mais vous pourriez répondre, vous...

CASARELLI. Qu'est-ce que je pourrais répondre ?

STELLA. Vous répondriez que, poursuivie par la haine et la vengeance d'une famille puissante, une pauvre jeune fille est venue vous supplier de lui accorder l'hospitalité, une nuit seulement, et de lui sauver ainsi, tout à la fois, la liberté et l'honneur !

CASARELLI. Ta, ta, ta, un honneur qui entre chez les gens par la fenêtre !.. Enfin, qui êtes-vous ?

STELLA. La prima donna du grand théâtre de Messine. *

CASARELLI. De mieux en mieux, une comédienne à présent ! une créature damnée, maudite !..

STELLA. Maudite, le croyez-vous, vraiment, maître Eusèbe ?

AIR : *C'en est donc fait, il prend une autre femme.*
(*Hôtesse de Saint-Floy.*)

Qui dit cela ? les faux dévots, mon frère,
Les imposteurs, les tartuffes enfin,
Ceux dont le cœur, toujours plein de colère,
N'a que du fiel à jeter au prochain,
En invoquant un intérêt divin.
Mais vous si bon, alors qu'ils vous flétrissent,
Avant de suivre un tel exemple, hélas !
Rappelez-vous, mon père, qu'ici-bas
Au nom du ciel les hommes seuls maudissent,
Quand Dieu, pour eux, meurt et ne maudit pas !

CASARELLI. Au fait, elle a raison. C'est égal, j'aurais mieux fait de fermer ma fenêtre.

STELLA. Vraiment, non, car je serais perdue, moi, si vous l'aviez fermée.

CASARELLI. Perdue ?

STELLA. Ou en route pour les Grandes-Indes, ce qui revient au même.

CASARELLI. Si j'y comprends un mot !.., Expliquez-vous donc plus clairement, je vous prie.

STELLA. Voilà !.. Quoi qu'il puisse en coûter à ma modestie, je vous dirai d'abord qu'on me trouve généralement assez jolie.

CASARELLI. Ça m'est bien égal !

STELLA. A vous, je conçois ; mais il paraît

* Stella, Casarelli.

que ce n'est pas égal à tout le monde. Bref ! on me trouve jolie, et comme vous ne m'avez pas toujours tourné le dos comme en ce moment, vous avez pu juger par vos propres yeux ..

CASARELLI. Vous savez bien que j'ai la vue basse.

STELLA. Pourquoi donc alors me donner le désagrément de causer ainsi avec vos épaules !... Vous conviendrez que cela n'est guère poli envers une femme à qui on accorde l'hospitalité.

CASARELL. Je n'ai pas dit que je vous l'accordais.

STELLA. Pas positivement, c'est vrai, mais c'est chose convenue pourtant.

CASARELLI, *se retournant.* Ah ! par exemple ! c'est trop fort !

STELLA. Enfin !... vous ne craignez donc plus de me voir ?..

CASARELLI, *exaspéré.* Et pourquoi le craindrais-je au fait ?... Ah ! tu me provoques, démon incarné ! tu doutes de ma vertu !... Eh bien ! je risque tout alors... tiens, je te regarde, je te regarde en face... et je te défie, entends-tu bien, je te défie !

STELLA. A la bonne heure... voilà un courage qui me plaît et vous fait honneur... mais soyez tranquille, je n'en abuserai pas.

CASARELLI. Je te permets d'en abuser !

STELLA. Vous êtes trop bon. Nous disons donc que je suis jolie...

CASARELLI. Soit... après ?

STELLA. Cela m'a valu ici beaucoup d'admirateurs.

CASARELLI. Oui, des fous, des libertins !

STELLA. Et des imbéciles, presque tous. Au nombre de ces derniers...

CASARELLI. Des imbéciles ?

STELLA. Des imbéciles ; figurait, au premier rang, le noble héritier du duc de Monténégro, gouverneur de Messine. Instruite par l'exemple de ma pauvre mère, autrefois comédienne et chanteuse comme moi, je déclarai à ce petit monsieur que mon cœur ne se donnerait jamais sans ma main ; il répondit alors, lui, que je serais sa femme ou qu'il se tuerait !.. M. le Duc, son père, s'inquiétant de cela beaucoup plus que moi, à ce qu'il paraît, n'a rien trouvé de mieux, pour prévenir un si grand malheur, que de me faire enlever cette nuit et embarquer sur un vaisseau en partance pour les Grandes-Indes.

CASARELLI. Mais c'est absurde, c'est inique !

STELLA. Je venais de chanter ma cavatine finale de Betlly quand Marco, le ténor, me prévient, sur le théâtre même, du danger que je cours. Pas d'autre ressource pour moi que la fuite ; mais m'échapper sous ce costume, c'était impossible. J'entre donc vivement chez une camarade et je lui emprunte l'habit du novice Péblo ; et, grâce à ce travestissement, j'arrive enfin plus morte que vive à la petite ruelle des Dominicains ; cette fenêtre est ouverte, j'entre et je suis sauvée... Et maintenant, maître Eusèbe, vous que le ciel semble avoir mis ici tout exprès pour mon salut, voudrez-vous en refusant de me garder près de vous jusqu'au jour, m'exposer de nouveau au danger que votre fenêtre ouverte a si heureusement détourné de moi ?

CASARELLI, *avec un soupir.* Le fait est que le ciel semble m'avoir mis là tout exprès... Allons, puisqu'il n'y a pas moyen de faire autrement, restez... Mais à une condition, c'est que vous passerez la nuit dans ce cabinet.

STELLA, *regardant par la porte qu'ouvre Casarelli.* Ah ! qu'il y fait noir !

CASARELLI. Prenez cette bougie. (*Il lui en donne une.*) Vous trouverez là un lit.

STELLA. Un lit ?

CASARELLI. Oui, celui de ma gouvernante.

STELLA. Ah ! vous avez une gouvernante, maître Eusèbe ? eh ! eh !

CASARELLI. Hein ! plaît-il ! eh ! eh !.. Apprenez, mademoiselle, qu'Ursule est une digne fille de soixante ans, pieuse comme une sainte, et laide comme le péché !... Sans cela, elle n'aurait jamais mis les pieds chez moi, je vous prie de le croire.

STELLA. Je vous crois, maître Eusèbe, je vous crois. Et elle est là, cette vénérable fille !

CASARELLI. Non, elle est partie hier pour la grotte de Sainte-Rosalie, dont c'est demain la fête.

STELLA. Ainsi vous êtes sûr que je serai bien seule là dedans.

CASARELLI. Parfaitement seule... Dépêchez-vous.

AIR : *De c'méchant homme j'crains la colère.*
(*Hôtesse de Saint-Éloy.*)

STELLA.

Adieu, bon maître, à cette tâche,
Que pour demain il faut finir,
Travaillez ici sans relâche,
Et moi pour deux je vais dormir.

CASARELLI.

Adieu ! pendant qu'à cette tâche,
Que pour demain je dois finir,
Je travaillerai sans relâche,
Vous, pour deux tâchez de dormir.

Stella entre dans le cabinet. Casarelli ferme la porte sur elle et en pousse le verrou.

SCÈNE III.
CASARELLI, *seul.*

Ah ! m'en voilà débarrassé ! et je pourrai enfin travailler tranquillement. (*S'asseyant au piano.*) Nous disons donc !... Sol, fa, mi, ré, sol.

SCÈNE IV.
CASARELLI, STELLA, *dans le cabinet.*

STELLA, *appelant.* Maître Eusèbe ! maître Eusèbe !

CASARELLI. Encore !... Allons, allons !... décidément ce n'est pas une femme, c'est bien le diable que j'ai reçu.

STELLA. Maître Eusèbe ! est-ce que vous dormez ?

CASARELLI. Dormir ! Et le moyen quand j'en aurais l'envie !... Qu'est-ce que vous me voulez, voyons ?

STELLA. Vous m'avez donc enfermée ?

CASARELLI. Certainement, je vous ai enfermée pour être tranquille, et ça m'a bien réussi.

STELLA. Ouvrez vite, maître Eusèbe, ouvrez vite.

CASARELLI. Ouvrir, pourquoi ?

STELLA. Il y a des moustiques dans votre cabinet... je ne veux pas y rester... Ils me piquent affreusement.

CASARELLI. C'est parce que vous avez ouvert votre fenêtre, qui donne sur le canal.

STELLA. Il fallait bien l'ouvrir, j'étouffais ! Ah ! mon Dieu !

CASARELLI. Quoi donc !

STELLA. En voilà des milliers !... Ils bourdonnent à mes oreilles .. ils me dévorent !

CASARELLI. Éteignez votre lumière, et jetez un papier enflammé par la fenêtre... ils suivront la lueur.

STELLA. Vous croyez ?

CASARELLI. C'est infaillible... bonsoir ! (*Il se remet à écrire.*) Mi, ré, do, mi.

STELLA. Maître Eusèbe ! maître Eusèbe !

CASARELLI. Oh ! elle me fera damner... qu'est-ce que c'est encore ?

STELLA. Les moustiques sont partis !

CASARELLI. Eh bien ! s'ils sont partis, couchez-vous et laissez-moi travailler en paix.

STELLA. C'est que depuis que la lumière est éteinte, et les moustiques envolés, j'entends trotter des souris.

CASARELLI. Allons bon, des souris à présent !

STELLA. Maître Eusèbe ! je vous préviens que j'ai encore plus en horreur les souris que les moustiques... Ouvrez donc vite ou j'appelle au secours par la croisée.

CASARELLI. Miséricorde ! y songez-vous ? un scandale ! une esclandre !

STELLA. Ça m'est égal, j'aime mieux ça que de mourir de peur! (*Frappant à la porte.*) Ouvrez vite, ou je crie au voleur.

STELLA. Ah! enfin! ce n'est pas malheureux! Tenez, voyez un peu, maître Eusèbe, dans quel état je suis!

CASARELLI, *se détournant vivement.* Quelle horreur!

STELLA. N'est-ce pas que c'est affreux?... Je suis sûre que je ne suis que cloches des pieds à la tête! mais regardez donc!

CASARELLI. Moi? par exemple... la voilà en somnambule à présent!

STELLA. Dame! vous savez bien que j'allais me coucher quand les moustiques sont venus...

CASARELLI. Est ce que vous comptez, par hasard, rester ici dans ce simple appareil?

STELLA. Avez-vous autre chose à me donner?

CASARELLI. Moi?... non, mais remettez votre costume de tout à l'heure.

STELLA. Je le voudrais bien, mais c'est impossible!

CASARELLI. Pourquoi ça?

STELLA. C'est que... en jetant par la fenêtre le morceau de papier enflammé, comme vous me l'aviez conseillé...

CASARELLI. Eh bien?

STELLA. J'ai fait tomber, par mégarde, la jupe et le corsage que j'avais mis sur l'appui de la croisée!

CASARELLI. En voici bien d'une autre! De pareilles choses tomber de chez moi!... quand on va les voir, mon Dieu!

STELLA. Vous direz qu'elles sont tombées d'ailleurs, et que c'est le vent qui les a apportées là!

CASARELLI. C'est ça! un mensonge par-dessus le marché. Voyons, voyons, reprenez au moins votre habit de novice.

STELLA. Mais je ne peux pas non plus.

CASARELLI. Comment?

STELLA. Il est encore tout mouillé de l'eau dont vous m'avez inondée... il me glacerait les épaules, il faut donc absolument que je reste ainsi... comme vous avez la vue basse, vous vous y habituerez.

CASARELLI. Jamais! jamais!.. j'aimerais mieux déserter ma chambre!

STELLA. Que voulez-vous que je fasse alors?

CASARELLI. Ah! j'y pense... allons, ce dernier sacrifice. (*Lui donnant une clef sans la regarder.*) Tenez, ouvrez le tiroir d'en haut de ma commode... vous trouverez là ce qu'il vous faut.

STELLA. Là?

CASARELLI. Oui, là, dépêchez-vous!..

STELLA, *ouvrant le tiroir.* Dieu! quel luxe!.. quelle élégance!.. un costume complet de Circassienne, que signifie?..

CASARELLI. Ça ne vous regarde pas... prenez le costume, mettez-le, et que cela finisse!.. moi, je m'en vais dans le cabinet.

STELLA. C'est inutile... derrière le rideau de votre lit, je serai très-bien... et vous, pendant ma toilette, vous pourriez travailler. (*Elle se cache derrière le rideau.*) (1)

CASARELLI. Soit. (*A part.*) Ainsi, Stella, il ne me restera plus rien, de ce qui pouvait me rappeler ton souvenir... et cela vaudra mieux pour mon repos!... oh! oui, oui, bien mieux.

STELLA, *derrière le rideau.* Vous me parlez, maître Eusèbe?

CASARELLI, *allant au piano.* Qui ça? moi, du tout, je me parle à moi-même!

STELLA. Eh bien, alors, si ce sont des secrets que vous avez à vous dire, parlez plus bas; car sans le vouloir, vous me mettriez dans la confidence.

CASARELLI. C'est bien, c'est bien, dépêchez-vous de vous habiller, et allez-vous-en.. car enfin, voici le jour.

STELLA. Le jour... où voyez-vous ça?

CASARELLI. Mais où ça se voit d'ordinaire, apparemment.

STELLA. C'est très-bien, de voir le jour où il est, maître Eusèbe?.. mais le voir, quand il n'est nulle part, c'est abuser de votre vue basse... comment voulez-vous qu'il fasse jour, il n'est encore que trois heures?

CASARELLI. Il n'y en aurait donc que deux que vous êtes ici?

STELLA. Pas davantage... est-ce que ça vous a paru long?

CASARELLI. Ça m'a paru deux siècles.

STELLA. Vous n'êtes pas galant.

CASARELLI. Je ne suis pas payé pour ça, mademoiselle, je suis payé pour faire des motets... et grâce à vous, j'en ai très-peu fait jusqu'ici... Ah! maudite fenêtre, pourquoi t'ai-je laissée ouverte?..

DUETTINO.

Musique de M. Montaubry.

STELLA.

Hôte heureux du bocage,
Chante sous le feuillage,
Charmant petit oiseau.
   Tra la la la.
Le ciel est sans nuage,
Mêle ton doux ramage
Au murmure de l'eau.
   Tra la la la.

CASARELLI.

Chanter ainsi quand je compose,
Vous devenez folle, je crois.

*Casarelli, Stella.

(1) Il y a derrière le lit, une porte secrète masquée par le rideau.

STELLA.
Il faut bien faire quelque chose,
Et ce chant m'exerce la voix.
Tra la la la.

CASARELLI.
Taisez-vous donc?

STELLA.
Pourquoi cela?

CASARELLI.
Mais je compose en sol, et vous chantez en fa.

STELLA.
Que voulez-vous, moi j'aime ce ton-là !
Tra la la la.

ENSEMBLE.

CASARELLI,
Voulez-vous bien vous taire !
Qui m'en délivrera ?
Je ne pourrai rien faire
Tant qu'elle sera là !

(Seul.)
Eh bien, votre toilette
Enfin est-elle faite?

STELLA.
Rien qu'une épingle, et c'est fini.

CASARELLI.
Ah! Dieu merci !

STELLA.
Calmez-vous, maître, me voici.

ENSEMBLE.
Voyez, cette parure
Me sied assez, je crois,
On dirait, je le jure,
Qu'on l'a faite pour moi,
Regardez-moi !

CASARELLI,
Sa taille, sa tournure,
C'est étrange, ma foi,
On croirait, je le jure...
Ah! pauvre fou, tais-toi !
Tais-toi, tais-toi!

STELLA. Comment! vous ne me dites même pas si le costume me va bien.

CASARELLI. Très-bien, très-bien... seulement je ne croyais pas que ce fût aussi décolleté.

STELLA C'est que je n'ai pu attacher moi-même l'agrafe du haut... vous me rendrez bien ce service, vous, mon bon maître Eusèbe ?

CASARELLI. Moi ? par exemple !

STELLA. Oh! si cela vous coûte trop, n'en parlons plus... comme vous avez la vue basse.

CASARELLI C'est égal, il vaut mieux agrafer.

STELLA. Agrafez donc.

CASARELLI. Eh bien, oui... j'agrafe pour la décence.

STELLA. La trouvez-vous ?

CASARELLI. Oui, je la tiens.

STELLA. Allez.

CASARELLI. Je vais... un maître de chapelle habiller une comédienne !.. ah ! ma fenêtre ! ma fenêtre !

STELLA. Aïe ! vous me pincez !

CASARELLI. Ce n'est pas de ma faute... les agrafes sont si petites !.. je regarde pourtant de très-près.

STELLA. Je m'en aperçois bien ; car je sens la chaleur de votre haleine sur mon cou.

CASARELLI, *relevant vivement la tête*. Est-il possible ?

STELLA. Oh ! je ne vous fait pas de reproche... c'est votre vue basse qui est cause de ça... voyons, essayez encore.

CASARELLI. Voilà.

STELLA. Eh! bien... vous m'embrassez à présent !

CASARELLI. Moi? quelle abomination !.. c'est vous qui remuez toujours, et qui avez levé l'épaule juste au moment où je me baissais pour regarder...

STELLA, *se retournant vers lui.** C'est bon, c'est bon... à l'avenir, je me défierai des vues basses.

CASARELLI. Quelle infamie ! oser supposer.. allez-vous-en, tenez, allez-vous en, car si vous restiez ici plus longtemps... je perdrais tout à fait la tête !

STELLA.*** Soit, je m'en irai, puisque vous l'exigez ; mais s'il m'arrive malheur, c'est un remords que vous aurez sur la conscience. *(Fausse sortie.****)* Avant de nous séparer, cependant, je ferai encore un appel à votre humanité.

CASARELLI. Quel appel ?

STELLA. Les fatigues, les émotions de cette nuit... tout cela m'a tellement éprouvée, que...

CASARELLI. Que?..

STELLA. Que je meurs de faim, maître Eusèbe !

CASARELLI, *retournant à son piano*. Et que voulez-vous que j'y fasse ?

STELLA. Je suis sûre que vous-même vous devez aussi avoir besoin de vous restaurer un peu. Il n'y a rien qui creuse comme la veille et le travail.

CASARELLI. Le travail... c'est qu'elle me nargue encore !

STELLA. Vous avez bien ici de quoi composer une légère collation, n'est-ce pas ?

CASARELLI, *séchement*. Ici ? il y a des noix, du pain bis et de l'eau claire.

STELLA. Pas autre chose?

CASARELLI. Que voudriez-vous donc trouver de plus chez moi? c'est la règle.

* Casarelli, Stella.
** Stella, Casarelli.
*** Casarelli, Stella.

STELLA. Oh! un homme qui a des costumes de Circassienne dans sa commode peut bien, malgré la règle, avoir autre chose que du pain sec dans son buffet.

CASARELLI. C'est-à-dire que vous osez !.. après m'avoir dit... allez, allez, je ne veux plus me fâcher de rien... ouvrez l'armoire... (*Il l'indique.*) Je vous le permets.

STELLA. Merci, maître Eusèbe. (*Elle ouvre l'armoire.*) Voilà bien en effet des noix, du pain bis, et de l'eau...

CASARELLI. Ah !

STELLA. Oui, sur le devant je vois la règle ; mais un peu en arrière...

CASARELLI. En arrière ?..

STELLA. J'aperçois l'exception.

CASARELLI. Quelle exception ?

STELLA. Un très-beau pâté de venaison, ma foi.

CASARELLI. Un pâté !

STELLA. Et un superbe flacon de syracuse.

CASARELLI. Du vin... là, chez moi, du vin. Ce serait donc la vieille Ursule...

STELLA, *posant le pâté sur la table et mettant le couvert.* La vieille Ursule; tenez, maître Eusèbe... votre vieille Ursule et votre voix basse... c'est très-commode pour expliquer au besoin bien des choses; mais franchement, ce n'est plus assez pour moi. (*Elle porte la table au milieu du théâtre.*)

CASARELLI. Encore !... Ainsi donc, démon incarné, suppôt d'enfer !...

STELLA, *s'asseyant.* Vous aviez promis de ne plus vous fâcher.

CASARELLI. J'aime mieux en rire, au fait, car aussi bien... Eh ! eh ! eh ! j'en ferai une maladie !

STELLA. Est-ce que vous ne mangez pas un morceau avec moi?

CASARELLI. Moi, du pâté, un samedi !

STELLA. Oubliez-vous que voilà trois heures que dimanche est commencé?

CASARELLI. C'est vrai... mais mon motet, mon motet !...

STELLA. Les idées viendront mieux quand votre estomac ne criera plus... Voyons, crie-t-il, oui ou non ?

CASARELLI. Je suis forcé de convenir qu'il crie un peu.

STELLA, *s'asseyant.* Vous voyez bien... mettez-vous donc là en face de moi, et commençons.

CASARELLI. Allons, résignons-nous.

STELLA, *lui servant du pâté.* C'est ça, résignez-vous.

CASARELLI, *mangeant gloutonnement.* Mais vous partirez tout de suite après?

STELLA. Tout de suite... Prenez garde, votre résignation va trop vite.. elle va vous étouffer... Un coup de ce vin.

CASARELLI, *prenant la carafe.* Merci, je boirai de l'eau.

STELLA. A votre aise... mais, dans l'intérêt du motet, le vin vaudrait mieux,

CASARELLI. Vous croyez?

STELLA. C'est évident.

CASARELLI, *posant la carafe et tendant son verre.* Il faut donc se résigner encore?

STELLA. Oui, oui, pendant que vous y êtes, résignez-vous au grand complet.

CASARELLI. Au grand complet ?

STELLA. Du souper, maître Eusèbe, du souper.

CASARELLI. Ah !... à la bonne heure. (*Il boit.*) C'est un vrai velours que ce Syracuse!

STELLA, *après avoir bu aussi.* Absolument... Ah ! la vieille Ursule s'y connaît !... Eh bien ! quel effet cela vous fait-il ?

CASARELLI. Un très-bon, ma foi !.. Il y a si longtemps que cela ne m'était arrivé !

STELLA. Il faut redoubler alors.

CASARELLI. Redoubler ?

STELLA. Sans doute. Est-ce que vous ne sentez pas déjà que les idées vous arrivent mieux ?

CASARELLI. Je crois que si.

STELLA. Que vous disais-je ?.. Au troisième coup le motet viendra tout seul.

CASARELLI, *s'étourdissant petit à petit.* Tout seul?

STELLA. Tout seul... Buvez donc.

CASARELLI. Soit... mais ce n'est que pour le motet, entendez-vous bien.

STELLA. C'est convenu.

CASARELLI. Vous aviez raison, Ursule s'y connaît.

STELLA. N'est-ce pas?... Maintenant, ne viderez-vous pas encore un verre de ce nectar en faveur de...

CASARELLI. De qui?

STELLA. Mais de celle qui a porté avant moi ce délicieux costume.

CASARELLI. Comment? personne ne l'a jamais porté avant vous, mademoiselle.

STELLA. Vraiment ! eh bien, alors, si nous n'avons à boire à personne, buvons du moins au motet.

CASARELLI. Au motet.

STELLA. Oui, le troisième coup pour qu'il vienne.

CASARELLI. Ah ! oui, c'est juste, pour qu'il vienne !

ENSEMBLE

Air nouveau de M. Montaubry.

CASARELLI.

Buvons, buvons cette liqueur vermeille !
Grâce aux vertus de sa douce chaleur,
Dans mon cerveau le feu sacré s'éveille,
Buvons, buvons, ce philtre inspirateur !

STELLA.

Buvez, buvez, cette liqueur vermeille,
Grâce aux vertus de sa douce chaleur,
Dans vos regards le feu sacré s'éveille !
Buvez, buvez ce philtre inspirateur !

CASARELLI.

A mes yeux l'espoir brille,
J'ai retrouvé, je crois,
Dans ce vin qui pétille,
Ma verve d'autrefois.
Oui, je me sens renaître ..
Ce précieux flacon
Devant moi fait paraître
Un nouvel horizon !
Il grandit, il s'éclaire :
J'y vois la pourpre et l'or !..,
Remplissez donc mon verre
Et qu'il grandisse encor !
Versez, versez, loin de la terre
Mon cœur va prendre son essor !
Versez, versez encor !

REPRISE DE L'ENSEMBLE.

Buvons, etc.

(Casarelli a vidé son verre sur la ritournelle, il se
lève et regarde Stella en extase.)

STELLA, se levant à son tour. Qu'avez-
vous donc, maître Eusèbe, comme vous me
regardez !

CASARELLI, avec une sorte d'égarement.
Oui, je te... je vous regarde parce que...

STELLA. Parce que?...

CASARELLI. Rien... je vous regarde, voilà
tout.

STELLA. Mais, comme vos yeux brillent, en
me regardant ! (Le tonnerre commence à
gronder de nouveau.)

CASARELLI. Mes yeux brillent !.. c'est possible... Eh bien ! si mes yeux brillent, c'est
que... voyons, réponds, réponds vite ! Est-ce
toi, oui ou non, qui es là ?

STELLA. Mais, sans doute, c'est moi.

CASARELLI. Non, ça n'est pas toi .. ça ne
peut pas être toi, puisque tu es morte !

STELLA. Morte !...

CASARELLI. Non, je suis fou . possédé !...
nou, ce n'est pas toi que je vois !.. c'est un
mensonge, une vision d'enfer !... va-t'en !

STELLA. Maître Eusèbe !...

CASARELLI. Va-t'en ! te dis-je !... ou c'est
moi qui m'en irai !... (Le tonnerre recom-
mence à gronder. — On voit de fréquents
éclairs..)

STELLA. Ah! mon Dieu! quel affreux orage
(Casarelli remonte vers la fenêtre, comme
fou.)

AIR : Ne t'en va pas !
(Jean Michaëli, hôtesse de Saint-Éloi, 3e acte.)

STELLA.

Ah! par pitié secourez-moi.

CASARELLI.

Monstre infernal, éloigne toi !

STELLA.

Hélas ! pourriez-vous vous résoudre
A me laisser dans cet effroi !
Écoutez, tout va se dissoudre !...

CASARELLI.

Tant mieux !! tant mieux ! puisse la foudre,
Démon, pour te réduire en poudre,
Tomber sur toi !

(Le tonnerre tombe, la persienne se rouvre avec
fracas et se referme aussitôt. Casarelli pousse un
cri, et tombe anéanti dans le grand fauteuil. Stella
le détourne avec effroi en se cachant les yeux ; quand
le tonnerre a cessé de gronder, elle se retourne et
voit Casarelli évanoui dans le fauteuil.)

STELLA. Eh bien ! qu'a-t-il donc ? (Elle va
à lui.) Maître Eusèbe ! maître Eusèbe !... Il
ne répond pas... mon Dieu... Ah ! malheu-
reuse... c'est ma faute ; mais que faire ? Comment le secourir. (Allant à la commode.) Si
je trouvais... (Elle ouvre les tiroirs et cher-
che.) Pas un flacon, rien ! rien !... que de la
vieille musique. (Regardant de nouveau.)
Pauvre homme ! ah ! il respire ; sa pâleur di-
minue ! grâce au ciel, ça ne sera rien... un
peu de calme... l'air frais du matin, et il sera
bientôt remis. (Elle ouvre la persienne. Il
fait jour.) Mais, qui donc a-t-il cru recon-
naître en moi tout à l'heure ? Il y a dans tout
ceci un mystère que je veux pénétrer.
Voyons, le secret en est peut être là où j'ai
trouvé ce costume... cherchons... (Elle va
rouvrir le tiroir de la commode et en vérifier
le contenu.) De la musique, toujours... Ah !
un mouchoir brodé... un portrait ! Qu'ai-je
vu ? mais c'est celui de ma mère !... Le portrait de ma mère ici !... c'est étrange !...
Qu'est-ce donc encore ?... une dédicace sur
cette partition... (Lisant.) « A la diva Stella, le
plus sincère de ses admirateurs, Casarelli. » Eh
quoi ! ce maître célèbre que l'on croyait mort,
et dont ma mère m'a si souvent parlé, ce serait ?... mais oui, cette bonhomie candide,
ces distractions, ces souvenirs réveillés à ma
vue... c'est bien cela... Ah ! que je me reproche maintenant tout le mal que je lui ai
fait !... mais, puisque je l'ai retrouvé ainsi,
par miracle, souffrirai-je que ce grand génie
aille s'éteindre dans un cloître? Et ce chef-
d'œuvre, cette Circassienne, qui devait cou-
ronner sa gloire, sera-t-elle à jamais perdue
pour l'Italie?... Non, je ne dois pas souffrir

cela, moi! Mais, comment m'y prendre?...
le ciel m'inspirera!.. D'abord, remettons tout
en ordre dans cette chambre. (*Elle reporte
la table à sa place la couvre d'une ser-
viette.*) Là... maintenant cette partition à la
place de son triste motet. (*Elle place et ouvre la partition sur le pupitre du piano.*)
Voilà ce que c'est... (*Parcourant la musique.*) Qu'est-ce que cela? la romance de l'Esclave... son morceau de prédilection... Je ne
pouvais mieux tomber.... que ce soit donc
cette page, cette page sublime qui la première frappe ses yeux... (*Elle exécute sur
le piano quelques mesures de la ritournelle.*)

CASARELLI. Qu'entends-je?

STELLA, *s'arrêtant.* Il revient à lui: cachons-
nous d'abord, le hasard fera le reste. (*Elle
sort par la porte de droite.*)

CASARELLI, *seul se levant et s'appuyant
sur le dossier du fauteuil.* Il m'avait semblé
entendre... rien... personne? je rêvais donc?
mais ce souper, ce lutin, ce vin de Syracuse...
était-ce un rêve aussi? tout est en ordre dans
la chambre! et je suis bien seul! je rêvais!
mais quel rêve, mon Dieu! le jour déjà... j'ai
dormi là bien longtemps, et mon motet qui
n'est pas fini. (*Il va s'asseoir au piano.*)
Voyons, où en étais-je?... mais ce n'est pas
le motet... cela... c'est ma Circassienne... la
romance de l'esclave... qui a pu la mettre là?
Eh! mon Dieu! moi encore sans doute... dans
une de mes distractions... eh bien, puisque le
ciel l'a permis, redisons-la encore cette mé-
lodie, à laquelle sa voix émue et touchante
prêtait tant de charme!.. (*Il commence sa
ritournelle.*)

SCÈNE V.

CASARELLI, STELLA, *en dehors.*

STELLA.

AIR *nouveau de M. Montaubry.*
Tra la la la...

CASARELLI. Sa voix! mon Dieu!.. c'est
bien sa voix!.. ah! je rêve donc encore!..
mais cette fois, c'est le bonheur, l'extase que
le rêve m'apporte!.. (*Montrant la musique.*)
Tout cela est là.. (*Il met la main sur son
front.*) Voyons, fermons les yeux pour que
l'illusion dure!.. oh! que je t'entende encore,
Stella!.. que je t'entende!.. rêvons, rêvons
toujours! (*Il touche son clavier, les yeux fer-
més et paraît ivre de bonheur. Stella rentre
sur la ritournelle et se tient en arrière.*)

STELLA.

Tu m'as rendu ma liberté chérie,
Maître, et d'abord mon cœur t'en a béni;
Mais je n'ai pas trouvé dans ma patrie
Le vrai bonheur que je laissais ici!

De l'esclavage, auprès de toi, les peines
En plaisirs purs se changeaient chaque jour!...
(*S'approchant.*)
Je reviens donc... maître rends-moi mes chaînes,
Et ton amour!
Oui, me voilà... maître, rends-moi mes chaînes,
Et ton amour!

(*Elle se met à genoux, prend sa main et le regarde
d'un air suppliant.*)

CASARELLI, *saisi.* Ah!.. Stella!.. ma
Stella!

STELLA. Non pas celle que vous avez tant
aimée, bon maître, et qui eût été si heureuse,
si elle eût connu votre amour! — Mais... sa
fille...

CASARELLI, *se levant.* Sa fille!

STELLA, *se levant aussi.* Oui, maître, sa
fille, qui vous respectera, vous aimera comme
si elle était la vôtre!... mais vous, bon maître,
consentiriez-vous à lui servir de père?

CASARELLI, *la pressant sur son cœur.* Si
j'y consentirais, oh! oui, ma Stella, oui, toi
qui me la rappelles si bien, tu seras mon enfant!.. merci, mon Dieu! du présent que
vous me faites!.. ainsi donc, quand j'ai cru
voir venir de là, un esprit des ténèbres, c'é-
tait le ciel qui s'ouvrait!.. c'était un ange
qui venait à moi! Oh! comme tu lui ressem-
bles et que je suis heureux!.. mais je me
souviens... ce danger que tu cours... (*On
entend le canon.*)

STELLA. Écoutez, mon père... il s'éloigne
avec le vaisseau des Indes... mais je n'en
quitterai pas moins cette ville aujourd'hui
même.

CASARELLI. Tu veux partir?

STELLA. Oui, pour Naples... mais je ne
partirai pas seule.

CASARELLI. Ah!.. et qui donc emmèneras-
tu?

STELLA. Vous.

CASARELLI. Moi?

STELLA. Et ce chef-d'œuvre, dans lequel
j'essayerai de vous rendre le triomphe que
vous promettait ma mère.

CASARELLI. Le fait est que tu chanterais
bien ce rôle-là, toi!.. tu le chanterais comme
elle... mais c'est que moi... je suis retenu
ici, vois-tu..

STELLA. Écoutez, maître, c'est encore ma
mère qui va vous parler par ma voix.

Même Air que ci-dessus.

Quand l'Éternel t'a donné le génie,
C'est ton pays qu'il a voulu doter,
Et de l'éclat promis à sa patrie
Nul n'a le droit de la déshériter.

(*Parlé*). Eh bien ! qu'avez-vous à répondre à ma mère ?

CASARELLI. J'ai à lui répondre... que sa fille fait de moi tout ce qu'elle veut... (*Il va prendre sa partition*). La vérité, vois-tu, c'est que je sens bien là qu'à présent je ne pourrais plus vivre sans toi !.. (*Lui donnant le bras.*) Allons donc à Naples.

STELLA. Un instant : avant de partir, il faut prendre nos passe-ports,

CASARELLI. C'est juste. Eh bien ! deman-de-les !

STELLA, *au public.*

Fin de l'Air.

Ici, messieurs, par un bravo, j'espère,
Vous daignerez signer en ce moment
Le sauf conduit que vous demande un père,
Le cœur tremblant ici, pour son enfant.

ENSEMBLE.

Signez, messieurs, à la fois pour le père
Et son enfant !

FIN.

Paris. —Typographie de madame veuve Dondey-Dupré, rue Saint-Louis, 46, au Marais.

Rita l'Espagnole, dr. 5 actes.	Stella, drame en 5 actes.	Traite des noirs (la), dr. 5 actes.	Vicomte de Giroflé (le), 1 acte.
Roméo et Juliette, 5 actes. par F. Soulié.	Sans nom, fol.-vaud. 1 acte. Sept Châteaux du diable (les).	Tremblement de terre de la Martinique (le), dr. 5 act.	Vautrin, dr. 5 a. par Balzac. Vendredi (le), vaud. 1 acte.
Rubans d'Yvonne (les), c. 1 act.	Sœur du Muletier (la), dr. 5 a.	Tirelire (la), vaudeville, 1 acte.	Vénitienne (la), dr en 5 actes.
Ralph le bandit, mélod. 5 actes.	Sept enfants de Lara (les). 5 a.	Thomas Maurevert, drame 3 a.	Voisin (la), dr. 5 actes.
Révolution Française (la), 4 act.	Sonnette de nuit (la), en un acte.	Tailleur de la Cité (le), dr. 5 ac.	Vouloir c'est pouvoir, c.-v. 2 a.
Rigobert ou fais-moi bien rire.	Stéphen, dr. 5 actes.	Tyran d'une femme, v. 1 acte.	Veille de Wagram.
Ramoneur (le), dr.-vaud. 2 actes.	Sous une porte cochère, v. 1 act.	Urbain Grandier, par A. Dumas.	Voyage en Espagne, vaud. 1 acte.
Salpêtrière (la), dr. 5 actes.	Simplette, vaud. 1 acte.	Un grand Criminel, dr. 3 actes	Zanetta ou jouer avec le feu.
Sac à malices (le), féer. en 3 act.	Tache de sang (la), dr. 3 act.	Une Nuit au Louvre, dr. 3 actes.	
Servante du curé (la).	Trois épiciers (les), vaud. 3 act.	Un Changement de main, 2 a.	

RÉCENTES PUBLICATIONS.

CLAUDIE, drame en 3 actes, par GEORGES SAND 1 50

FRANÇOIS LE CHAMPI, comédie en 3 actes, en prose, par Mme GEORGES SAND 1 50

LE JOUEUR DE FLUTE, comédie en un acte, par M. E. Augier 1 50

LA JEUNESSE DES MOUSQUETAIRES, drame 5 actes, par MM. Alex. Dumas et Maquet. 1 »

PAILLASSE, drame en 5 actes, par MM. Dennery et Marc Fournier . . . . » 60

JENNY L'OUVRIÈRE, drame en 5 actes, de MM. Decourcelle et J. Barbier . . . . » 60

LA FILLE DU RÉGIMENT, opéra comique en 2 actes de MM. Bayard et de Saint-Georges . . . . » 60

URBAIN GRANDIER, drame en 5 actes, par M. Alex. Dumas et Aug. Maquet . . . . » 50

BONAPARTE, ou les 1res Pages d'une grande Histoire, pièce milit. en 20 tabl. de M. F. Labrousse. » 50

LES FRÈRES CORSES, 5 actes, tiré du roman d'Alex. Dumas par MM Grangé et Montépin. » 50

LE PETIT TONDU, drame militaire en trois actes, par M. F. Labrousse . . . . » 50

LA CHASSE AU CHASTRE, fantaisie en 3 actes et 8 tableaux, par M. Alex. Dumas . . . . » 50

HENRI LE LION, drame en 5 actes, par MM. St-Ernest et Filliot . . . . » 50

PAULINE, drame en 5 actes, tiré du roman de M. Al. Dumas, par MM. Grangé et Montépin. » 50

L'ARMÉE DE SAMBRE-ET-MEUSE, 4 actes et 19 tableaux, par F. Labrousse et Frédéric. . . . » 50

IL Y A PLUS D'UN ANE A LA FOIRE... Vaud. en 1 acte, par MM. Paul de Kock et de Guiches. » 50

LA FEMME DE MÉNAGE, vaudeville en 1 acte, par M. Michel Delaporte. . . . . » 50

LA BARRIÈRE CLICHY, drame militaire en 5 actes et 14 tableaux, par Alexandre Dumas. . » 60

VALÉRIA, drame en cinq actes et en vers, par MM. Auguste Maquet et Jules Lacroix . . . . . . 2 »

LE DIABLE, drame en cinq actes, par MM. Delacour et Lambert Thiboust. . . . . » »

LE PLANTON DE LA MARQUISE, comédie-vaud. en un acte, par MM. Ward et H. Vannoy. » 50

UNE FEMME PAR INTÉRIM, vaudeville en un acte, par MM. E. Hugot et Lehmann. . . . . » 50

ENTRE DEUX CORNUCHET, com.-vaud. en un acte, par MM. Paul de Kock et Boyer. . . . » 50

MEUBLÉ ET NON MEUBLÉ, vaudeville en un acte, de MM. Dupeuty et E. Grangé. . . . . . » 50

LES TROIS VOISINS, LES TROIS VOISINES, comédie-vaudeville en un acte, par M. Dubois. » 50

LE MONDE VOLANT, vaudeville en un acte, par M. Ch. Paul de Kock . . . . » 50

CONTRE FORTUNE, BON CŒUR, com.-vaud. en 1 acte, par M. J. de Wailly et A. Overnay » 50

LA GOTON DE BÉRANGER, vau. en 5 a. dont un prologue, par Mrs Cormon, Grangé et Dutertre. » 60

MERCADET, comédie en 3 actes, par H. de Balzac 50

LE DOUTE ET LA CROYANCE, drame en 1 acte, par M. J. M. Cournier . . . . »

LES QUENOUILLES DE VERRE, féerie-vaud. en 3 actes et 8 tab., par M. Michel Delaporte. » 60

LA FILLE DE FRÉTILLON, vaudeville en un acte, par MM. Deadé e Choler . . . . » 50

LA PAYSANNE PERVERTIE, drame en 5 actes, de MM. Dumanoir et d'Ennery . . . . » 60

BOUDJALI, vaudeville en un acte, de MM. Élie Sauvage, Duhomme et René Chevalier . . . . . » 50

QUAND ON VA CUEILLIR LA NOISETTE..., Vaudeville en un acte, de MM. Henry de

   Kock et Amédée de Jallais . . . . » 60

LA CIRCASSIENNE, com. mêlée de chant en un acte, par MM. Saint-Hilaire et É. Bordier. » 50

LA COURSE AU PLAISIR, revue de 1851, de M. Delaporte, T. Muret et Gaston de Montheau. » 50

NOUVELLES PUBLICATIONS.

BIBLIOTHÈQUE DE VILLE ET DE CAMPAGNE.

DESSINS DE F. BARRIAS ET BELIN, GRAVÉS PAR DEGHOUY.

ROMANS MODERNES ILLUSTRÉS A VINGT CENT. LE VOLUME.

Une lacune regrettable existait dans les publications de romans illustrés à 20 centimes le volume ; parmi les noms que le public recherche avec empressement, quelques-uns ne figurent pas dans ces collections, d'autres n'y paraissent que très-incomplétement. Nous sommes heureux de pouvoir annoncer que nous allons combler cette lacune en publiant successivement dans notre BIBLIOTHÈQUE DE VILLE ET DE CAMPAGNE les œuvres de FRÉDÉRIC SOULIÉ, les derniers romans de PAUL DE KOCK, les CRIMES CÉLÈBRES d'ALEXANDRE DUMAS, les œuvres choisies de MARCO DE SAINT-HILAIRE, SOUVENIRS D'UN AVEUGLE, VOYAGE AUTOUR DU MONDE, par JACQUES ARAGO, et quantité d'autres ouvrages.

Les noms des auteurs que nous annonçons, les soins particuliers que nous donnons à la correction du texte, au tirage des gravures et à la fabrication entière des ouvrages, nous font espérer que notre nouvelle publication sera favorablement accueillie.

OUVRAGES COMPLETS EN VENTE.

L'Amoureux transi, par PAUL DE KOCK... 1 fr. 10 c.
Les Crimes célèbres, par ALEXANDRE DUMAS, les 5 parties en un seul volume......... 3 95
La Jolie Fille du Faubourg, par PAUL DE KOCK, 24 vignettes........................... 1 10
Les Mémoires du Diable, par FRÉDÉRIC SOULIÉ, 66 vignettes............................ 3 15
Le Lion amoureux, par FRÉDÉRIC SOULIÉ, 9 vignettes .... » 50
Le Comte de Toulouse, par FRÉDÉRIC SOULIÉ, 25 vignettes 1 10

LES CRIMES CÉLÈBRES, par ALEXANDRE DUMAS, illustrés de vignettes.

Se vendent séparément par séries brochées, comme suit :

La Marquise de Brinvilliers, la Comtesse de Saint-Géran, Murat, Karl Sand, les Cenci. » 90
Marie Stuart, par ALEXANDRE DUMAS, 14 vignettes................................... » 70
Les Borgia, la Marquise de Ganges, par ALEXANDRE DUMAS, 21 bois gravés.......... » 90
Les Massacres du Midi, Urbain Grandier... 1 10
Jeanne de Naples, Vaninka.. » 70

EN COURS DE PUBLICATION PAR LIVRAISONS.

LES PRISONS DE L'EUROPE....	ALBOIZE ET A. MAQUET.	SATHANIEL................	FRÉDÉRIC SOULIÉ.
VOYAGE AUTOUR DU MONDE....	JACQUES ARAGO.	LE VICOMTE DE BÉZIERS......	FRÉDÉRIC SOULIÉ.
DIANE DE CHIVRI............	FRÉDÉRIC SOULIÉ.	LA VEUVE DE LA GRANDE ARMÉE.	É. MARCO DE ST-HILAIRE.
LES CRIMES CÉLÈBRES........	ALEXANDRE DUMAS.	LES DEUX CADAVRES........	FRÉDÉRIC SOULIÉ.
MÉMOIRES D'UN PAGE DE L'EMPIRE....................	É. MARCO DE ST-HILAIRE.		

Il paraît une ou deux livraisons par semaine, à la Librairie théâtrale, boulevard Saint-Martin, 12.

Paris. — Imprimerie de Mme Vve DONDEY-DUPRÉ, rue Saint-Louis, 46, au Marais.

www.ingramcontent.com/pod-product-compliance
Lightning Source LLC
LaVergne TN
LVHW050301030726
842520LV00006B/2503